KB190979

교과서에 나오는
고사성어 익힘책 2
故事成語 (ㅅ~ㅎ)

새우와 고래가 함께 숨 쉬는 바다

교과서에 나오는
고사성어 故事成語
익힘책 2 (ㅅ～ㅎ)

엮은이 | 김광남
펴낸이 | 황인원
펴낸곳 | 도서출판 창해

신고번호 | 제2019-000317호

초판 1쇄 인쇄 | 2025년 04월 22일
초판 1쇄 발행 | 2025년 04월 29일

우편번호 | 04037
주소 | 서울특별시 마포구 양화로 59, 601호(서교동)
전화 | (02)322-3333(代)
팩스 | (02)333-5678
E-mail | dachawon@daum.net

ISBN | 979-11-7174-038-3 (14190)
ISBN | 979-11-7174-036-9 (전3권)

값 · 16,800원

ⓒ 김광남, 2025, Printed in Korea

※ 잘못 만들어진 책은 구입하신 곳에서 교환해드립니다.

Publishing Club Dachawon(多次元)
창해·다차원북스·나마스테

고사성어는 지혜의 등불, 언어의 소금!

교과서에 나오는
고사성어
故事成語

익힘책 2
(ㅅ~ㅎ)

김광남 엮음

창해

이 익힘책은 인문정신으로 가는 첫걸음

위대한 역사가 사마천은 3천 년을 다룬 역사서《사기》를 통해 언어, 즉 말과 글의 중요성을 무척이나 강조했습니다. 사마천은 풍자와 유머스러운 말로 권력자의 잘못에 대해 충고했던 연예인의 일화를 다룬〈골계열전〉첫머리에서 "말이 아주 잘 들어맞으면 다툼도 해결할 수 있다"고 했습니다. "말 한마디로 천 냥 빚을 갚는다"는 우리 속담을 떠올리게 하는 명언입니다.

한나라 때 학자 양웅(揚雄, 기원전 53~기원후 18)은 대표적인 저서《법언(法言)》〈문신(問神)〉편에서 "말은 마음의 소리요(언심성야言心聲也), 글은 마음의 그림(서심화야書心畵也)이다"라는 참으로 기가 막힌 명언을 남겼습니다.

훗날 서예가들과 학자들은 이 대목을 빌린 다음 한 글자만 바꾸어 '언위심성(言爲心聲), 서위심화(書爲心畵)'로 표현합니다. 뜻은 같습니다. 양웅은 이 대목 바로 다음에 "소리(말)와 그림을 보면 군자와 소인이 드러난다(성화형聲畵形, 군자소인현의君子小人現矣)"고도 했습니다.

말과 글이 오염된 시대를 살고 있습니다. 말과 글이 이렇게 오염된 가장 근본적인 원인은 인문학 공부의 부족 때문입니다. 좁혀 말하자면 좋은 말을 듣지 않고, 좋은 글을 읽지 않는다는 것이지요.

특히 독서의 부족과 손으로 직접 쓰면서 생각하지 않는 공부가 결정적입니다. 주로 영상을 통한 저질 정보와 세상을 어지럽히는 천박한 말과 글에 중독되어 있습니다. 사람들은 힘든 삶에 짜증을 내며 갈수록 자극적인 말과 글에 마음이 홀립니다. 이럴 때일수록 차분

한 말과 글, 그리고 좀 더 깊은 생각이 필요합니다. 스스로를 저질과 천박이라는 불결한 늪에 빠뜨릴 까닭이 무엇일까요?

저는 늘 '말의 격, 즉 언격(言格)이 인격(人格)이고, 그 사람의 말과 글이 품격(品格)을 결정합니다'라고 말합니다. 평소 쓰는 그 사람의 말이 곧 그 사람이 어떤 사람인지를 보여준다는 뜻이지요.

이번에, 화순인문학교육협회 김광남 회장께서 초·중·고 교과서에 수록된 고사성어 189항목을 모아 익힘책을 만들었습니다. 뜻깊은 고사성어 189개의 뜻풀이, 의미, 출처, 중국어 발음 등을 알기 쉽게 정리했습니다. 특히, 손으로 직접 써볼 수 있는 칸을 만들어 독자들이 고사성어의 뜻과 의미를 생각하면서 직접 써볼 수 있게 배려했습니다.

여기에 심화학습 칸과 해당 고사성어를 어디에 어떻게 활용하면 좋을까 생각해 볼 수 있는 기회까지 마련했습니다. 독자들은 눈으로 보고, 입으로 읽고, 손으로 직접 써보면서 각각의 고사성어들이 갖고 있는 의미와 좋은 정보를 얻어 갈 수 있습니다. 여기서 한 걸음 더 나아가 심화학습(Deep Learning)을 통해 각각의 고사성어에 들어 있는 흥미롭고 유익한 옛 이야기, 즉 고사(故事)를 찾아서 공부하기를 권합니다.

사실, 꾸준한 공부는 지루하고 많이 힘듭니다. 하지만 이 과정을 거치면 훨씬 나은 사람이 될 수 있습니다. 읽고, 쓰고, 생각하고, 찾고, 탐구하는 공부는 지금처럼 급변하는 세상을 보다 슬기롭게, 사람답게 살아갈 수 있는 힘이 됩니다.

최근 전 세계를 깜짝 놀라게 만든 중국의 오픈AI 딥시크(Deep Seek)의 중국 이름은 '심도 구색(深度求索)'입니다. 깊게 헤아리고 끝까지 탐구한다는 뜻입니다. 가장 앞서가는 과학 분야의 이름이지만 그 이름 안에는 인문정신이 충만합니다. 어떤 과학 기술도 인문정신이 뒷받침되지 않으면 인간을 해치는 무기가 되기 쉽습니다.

　여러분들이 손에 든 이 익힘책은 그런 인문정신으로 가는 첫걸음이 될 것입니다. 즐거운 마음으로 공부하십시오. 공자의 말씀대로 즐기는 사람에게 당할 사람은 없답니다.

2025년 3월
한국사마천학회 김영수 교수 드림

고사성어 학습의 첫걸음은
그 의미를 이해하고 삶 속에서 활용하는 것

고사성어(故事成語)는 단순한 한자 숙어가 아닙니다. 그것은 시대를 넘어 인간의 지혜와 경험이 응축된 정신적 유산입니다.

이러한 고사성어를 단순한 암기가 아니라 실용적 사고의 도구로 활용할 수 있도록 돕는 책이 바로 《교과서에 나오는 고사성어 익힘책》입니다.

이 책은 한국사마천학회 김영수 이사장의 《알고 쓰자 고사성어》의 실용서로써, 초·중·고 교과서에서 자주 등장하는 고사성어를 중심으로 실생활에서 활용할 수 있도록 구성되었습니다. 단순한 뜻풀이를 넘어 출전과 역사적 맥락을 깊이 탐구하며, 필사와 심화학습, 그리고 익힘 문제를 통해 독자들이 자기 언어로 내면화할 수 있도록 돕습니다.

무엇보다 이 책이 더욱 의미 있는 이유는, 한국의 변방이라 할 수 있는 전남 화순에서 청소년과 지역 주민들에게 인문학의 향기를 피우고 있는 저자 김광남 회장의 헌신과 노고가 담겨 있기 때문입니다.

화순인문학교육협회 회장이자, 시니어인재개발원 화순지부의 복합문화공간 〈터〉를 운영하는 그는, 인문학을 통해 지역과 세대를 연결하며 배움의 기쁨을 전하고 있습니다. 그의 열정과 노력이 있었기에, 이 책은 단순한 학습서를 넘어 시대를 관통하는 지혜의 길잡이가 될 수 있습니다.

고사성어 학습의 첫걸음은 그 의미를 이해하고 삶 속에서 활용하는 것입니다.

이 책이야말로 그 여정을 위한 든든한 동반자가 되어줄 것입니다. 저자인 김광남 회장의 귀한 노력이 많은 이들에게 널리 전해지기를 바라며, 이 책의 출간을 진심으로 축하드립니다.

2025년 3월

박영하(한국시니어인재개발원 이사장, 교육학 박사)

어렵게만 느껴지는 한자를 보다 '쉽고 재밌게' 접근시킨 책

'나비 효과'를 기대하며

사람이 아름다운 고장 화순에는 전국 최초로 민간인 주도의 '화순인문학교육협회'가 만들어졌고, 그 주된 사업 중의 하나가 학생들을 대상으로 하는 인문학(人文學) 교육, 특히 '한자 교육'을 무료로 시행하고 있습니다. 그리고 초·중·고등학교의 국어와 문학을 비롯한 전 교과목 교과서에 나타난 사자성어(四字成語)와 고사성어(故事成語)를 정리하고 알기 쉽게 해설한 《알고 쓰자 고사성어(도서출판 창해, 김영수 지음)》라는 책이 출판되었으며, 이 책을 바탕으로 2024년 11월에는 화순군 관내 전체 초·중·고교생을 대상으로 '제1회 화순군 청소년 고사성어 경연대회'를 개최하여 학생과 학부모들에게 큰 호응을 받았습니다. 그리고 차제에 어렵게만 느껴지는 한자를 보다 '쉽고 재밌게' 접근하고 주지시키기 위하여 《교과서에 나오는 고사성어 익힘책》을 발간하게 되었으니, 이 책은 물론 고사성어 경연대회가 전국적으로 확산되기를 기대합니다.

왜 잘못된 '한글 전용'으로 어린 학생들이 피해를 보아야 합니까?

최근 뉴스를 비롯한 각종 언론에서 학생들은 물론 성인들에게 이르기까지 '문해력(文解力 : 글을 읽고 이해하는 능력) 추락' 문제를 심심치 않게 다루고 있습니다. 그리고 이 문제의 심각성을 강조하기 위하여 실생활에서 일어나는 여러 가지 실례를 들어 설명하는 것을 보면 씁쓸함을 넘어 화가 납니다. 몇몇 전문가들마저도 이 문제의 근본 원인과 해결 방법을 알고 있으면서도 외면하고 변죽을 울리며 책임을 회피하는 '그럴듯한 말장난(?)', 격화소양(隔靴搔癢 ; 신을 신고 발바닥을 긁음)으로 일관하고 있습니다. 한글 전용론자들과 한자 병용론자들의 논쟁에는 타협과 양보가 없는 우리 사회의 극단적인 일면을 보여주고 있습니다. 그런 사이에 우리 학생들에게만 문해력 추락의 책임을 돌리고 있습니다. 성인들을 포함한 학생들은 소위 '한자 비교육세대'라고 변명(?)에 급급하게 하고 있습니다.

한글은 지상 최고의 문자입니다. 그러나 언어문화는 '쇠뿔'이 아닙니다.

현재 우리 사회의 위기 두 가지를 들라고 하면 첫째는 '인문학(人文學)의 위기'이고, 다른 하나는 바로 서두에서 말한 '문해력(文解力)의 위기'입니다. 화순인문학교육협회에서는 이 두 가지 위기를 동시에 해결할 일석이조(一石二鳥)의 효과를 거두고자 합니다. 한글의 우수성을 부정하거나 폄훼하려는 것이 아닙니다. '쇠뿔은 단김에 뽑아야 한다.'는 속담이 있습니다. 그러나 언어문화는 결코 쇠뿔이 아니니, 쇠뿔을 바로 잡으려다 소를 죽이는[교각살우(矯角殺牛)] 누를 범하지 말아야 합니다. 국어사전의 단어 70%는 한자어(漢字語)라는 사실을 외면하지 말아야 합니다. '교과서에 나오는 고사성어 익힘책'의 발간이 작은 디딤돌이 되기를 간절히 바랍니다.

2025년 3월 '삼지재(三芝齋)한문학연구실'에서
양현승(문학박사, 전 국민대학교 교수)

책을 펴내며

"천 리 길도 한 걸음부터(千里之行始於足下)"

무슨 일이나 그 일의 시작이 중요하다는 의미로, 작은 실천의 힘이나 목표를 향한 지속적인 노력을 강조하는 고사성어(故事成語)입니다. 거대한 성취도 결국은 작은 한 걸음에서 시작되며, 꾸준한 노력이 쌓여야 비로소 결실을 맺을 수 있습니다.

이처럼 독자 여러분이 이 책을 통해서 고사성어의 세계로 내딛는 첫걸음은, 단순한 어휘력 향상을 넘어서 앞으로 여러분의 삶에서 다양한 도전 과제를 극복하는 데 필요한 정신적 지침이자, 지혜의 등불이요, 언어의 소금이 되어줄 것입니다.

먼저, 《교과서에 나오는 고사성어 익힘책》은 《알고 쓰자 고사성어》(도서출판 창해, 김영수 지음)의 실용서임을 독자분들께 알려드립니다. 이 책은 초·중·고 교과서에 자주 등장하는 고사성어를 중심으로 구성하여 초·중·고 학생들의 교과 학습은 물론 어휘력, 문해력, 독서력 증진에 큰 도움을 줄 것이며, 또한 '인문고사성어지도사(교육부 인증 민간자격증)' 취득에 대비하는 교재로도, 나아가 성인들의 일상생활에서 언어의 품격을 한층 높이는 데 기여할 것입니다.

특히, 1권과 2권에서는 각 '고사성어의 간단한 뜻풀이', '고사성어가 지니는 의미', '교과서 출처', '원전 또는 출전' 등의 정보를 제공하여 고사성어 익힘책으로써 활용할 수 있는 핵심 내용을 담았습니다.

또한 독자들이 고사성어 의미를 되새기며 필사하면서 한 번 더 생각하고, 오래 기억할 수 있도록 쓰기 공간을 최대한 많이 확보했습니다. 더 나아가 '심화학습'을 통해 실제 생활에서 고사성어를 어떻게 시의적절하게 사용할지를 생각하고, 작문하고, 말할 수 있는 다양한 질문을 함께 제공함으로써 고사성어가 단순한 학습 대상이 아니라 재미있고 흥미로운 탐구 대상이 될 수 있도록 구성하였습니다.

3권에서는 전문 교수님들이 출제한 고사성어 '익힘문제', 그중에서 양질의 문제들을 엄선하여 재구성한 '연습문제', 그리고 화순인문학교육협회, 한국사마천학회 인문고사성어교육연구소가 개최한 2024년 '제1회 화순군 청소년 고사성어 경연대회'의 지필고사 및 골든벨 대회에서 실제 출제된 '기출문제'를 담아서, 독자들이 다양한 문제 풀이를 통한 학습 점검 및 반복 학습이 가능하도록 하였습니다.

고사성어는 그냥 단순한 옛말이 아닙니다. 그것은 오랜 세월 동안 전해 내려오며 사람들의 삶 속에서 축적된 지혜의 결정체입니다. 시대가 변해도 변하지 않는 삶의 원칙과 교훈이 담겨 있으며, 우리가 어떻게 생각하고 행동해야 하는지를 가르쳐줍니다.

하여(何如), 고사성어를 배우고 익히는 것은 단순히 새로운 단어를 습득하는 것이 아니라 인생을 살아가는 지혜를 배우는 것과 다름없습니다. 여러분도 이 책을 통해 고사성어의 세계로 한 걸음씩 정진하면서 그 속에 숨겨진 가치를 발견하는 즐거움을 느껴보시길 바랍니다.

끝으로 책이 나오기에 많은 조언과 도움을 주신 한국사마천학회 김영수 교수님과 도서출판 창해 황인원 대표님께, 그리고 제1회 고사성어 경연대회에서 기꺼이 출제 및 심사위원을 맡아주신 양현승 교수님, 최동규 교수님, 정연우 교수님, 유영 교수님과 절강대학 김요섭, 서강대학 손문영 군에게도 참으로 감사함을 표하며, 또한 지금까지 화순인문학교육협회에 후원을 아끼지 않으시는 이사님들과 회원님들, 지승규 원장님, 구난영 원장님, 그리고 물심양면으로 늘 지지해주시는 서순복 교수님과 정현석 후원회장님, 사랑하는 가족에게도 지면을 빌려 진심으로 고마움을 전합니다.

작년 11월 7일. 뜻하지 않은 교통사고를 당한 이후로 새로운 삶을 허락하시고 인도하시는 에벤에셀 하나님께 감사드리며 지금까지 지내온 것 주의 크신 은혜임을 고백합니다.

호학심사심지기의(好學深思心知其意)
고사성어, 그 속에 숨겨진 지혜의 보물 창고를 지금 열어보시길 버랍니다. 감사합니다.

2025년 봄날, 만연학당에서
萬淵 김광남 올림

095. 삼척동자 三尺童子

중국어 발음 sān chǐ tóng zǐ 싼-츠-통-즈

뜻풀이 키가 석 자 밖에 안 되는 어린 아이.

_____

의미 철없는 어린아이를 가리키는 성어이다.

교과서 중학교 한문　**출전** 한유(韓愈), 〈논회서사의장(論淮西事宜狀)〉 외

三	尺	童	子
석 **삼**	자 **척**	아이 **동**	아들 **자**
三	尺	童	子

심화학습

'삼척동자'가 들어간 나만의 문장 만들어보기

어린아이와 관련한 고사성어 알아보기

096. 상부상조 相扶相助

중국어 발음 xiāng fú xiāng zhù 시앙-푸-시앙-쮸

뜻풀이 서로 서로 도우다.

───────────

의미 서로를 붙잡아 주고 도와주는 것을 뜻하는 성어이다.

교과서 중학교 한문   출전 《맹자》 ; 《수호전(水滸傳)》

相	扶	相	助
서로 **상**	도울 **부**	서로 **상**	도울 **조**
相	扶	相	助

심화학습

'상부상조'의 정신을 엿볼 수 있는 우리나라만의 문화를 찾아 써보기

'상부상조'가 들어간 나만의 문장 만들어보기

097. 상전벽해 桑田碧海

중국어 발음 sāng tián bì hǎi 상-톈-삐-하이

뜻풀이 뽕나무 밭이 푸른 바다가 된다.

의미 세상이 몰라볼 정도로 아주 달라졌음을 비유하는 성어이다.

교과서 초등학교 3-1 사회 연계   **출전** 〈장안고의(長安古意)〉

桑	田	碧	海
뽕나무 **상**	밭 **전**	푸를 **벽**	바다 **해**
桑	田	碧	海

심화학습

'상전벽해'를 사용하여 지난 코로나-19 팬데믹으로 인해 변화된 세상을 묘사해보기

'상전벽해'가 들어간 나만의 문장 만들어보기

098. 새옹지마 塞翁之馬

중국어 발음 sài wēng zhī mǎ 싸이-웡-즈-마

뜻풀이 변방에 사는 노인의 말.

의미 세상사 좋은 일이 나쁜 일이 되고도 하고, 나쁜 일이 좋은 일이 되기도 하므로 미리
예측하기 어렵다는 뜻을 가진 고사성어

교과서 초등학교 / 중학교 / 고등학교 한문 출전《회남자(淮南子)》

塞	翁	之	馬
변방 **새**	늙은이 **옹**	어조사 **지**	말 **마**
塞	翁	之	馬

심화학습

'새옹지마'가 유래된 일화를 알아보고 간략히 요약해보기

좋은 일이 오히려 나쁜 일이 되거나, 나쁜 일이 오히려 좋은 일이 된 경험을 짧게 써보기

099. 생사고락 生死苦樂

중국어 발음 shēng sǐ kǔ lè 성-스-쿠-러

뜻풀이 삶과 죽음, 괴로움과 즐거움을 통틀어 일컫는 말.

의미 오랫동안 모든 것을 함께한 사이를 가리키는 성어이다.

교과서 초등학교   출전 한국식 사자성어

生	死	苦	樂
날 생	죽을 사	쓸 고	즐길 락
生	死	苦	樂

심화학습

'생사고락'이 들어간 나만의 문장 만들어보기

'생사고락'과 유사한 뜻의 성어에 대해 알아보기

100. 선견지명 先見之明

중국어 발음 xiān jiàn zhī míng 셴－젠－즈－밍

뜻풀이 먼저(미리) 보는 밝은 눈.

_____

의미 앞으로 닥쳐올 일을 미리 아는 지혜를 가리키는 성어이다.

교과서 초등학교   출전 《후한서(後漢書)》

先	見	之	明
먼저 **선**	볼 **견**	어조사 **지**	밝을 **명**
先	見	之	明

심화학습

'선견지명'의 지혜를 얻기 위해서 어떤 소양이 필요한지 생각해보고 써보기(Hint : '온고지신',

'역사 공부')

'선견지명'이 들어간 나만의 문장 만들어보기

101. 설상가상 雪上加霜

중국어 발음 xuě shàng jiā shuāng 쉐-썅-쟈-쓔앙

뜻풀이 눈 내린 위에 서리까지 내리다.

의미 어려운 일이 계속 생기는 상황을 가리키는 성어이다.

교과서 초등학교 6학년 도덕 연계   출전 《경덕전등록(景德傳燈錄)》

雪	上	加	霜
눈 설	위 상	더할 가	서리 상
雪	上	加	霜

심화학습

'설상가상'이 들어간 나만의 문장 만들어보기

'설상가상'과 유사한 뜻의 성어에 대해 알아보기

102. 소탐대실 小貪大失

중국어 발음 xiǎo tān dà shī 시아오-탄-따-스

뜻풀이 작은 것을 탐내다 큰 것을 잃는다.

의미 눈앞에 보이는 작은 이득을 욕심내다가 더 큰 것을 잃는다는 뜻의 성어이다.

교과서 초등학교 3-1 국어 연계   출전 《여씨춘추(呂氏春秋)》

小	貪	大	失
작을 소	탐낼 **탐**	큰 대	잃을 **실**
小	貪	大	失

심화학습

작은 것을 탐내다가 큰 것을 잃은 경험이 있다면 짧게 써보기

'소탐대실'이 들어간 나만의 문장 만들어보기

103. 속수무책 束手無策

중국어 발음 shù shǒu wú cè 슈-셔우-우-처

뜻풀이 손이 묶이고 대책이 없음.

의미 손이 묶여 어찌할 수 없어 꼼짝 못하거나, 일이 잘못 되어도 대책이 없는 상황을 비유함.

교과서 초등학교 3학년 도덕연계 / 고등학교 한문 출전 《노재집(魯齋集)》

束	手	無	策
묶을 **속**	손 **수**	없을 **무**	꾀 **책**
束	手	無	策

심화학습

'속수무책'이 들어간 나만의 문장 만들어보기

'계책(計策)'이나 '방법(方法)'에 관한 성어에 대해 알아보기

104. 송양지인 宋襄之仁

중국어 발음 sòng xiāng zhī rén 쏭-샹-즈-런

뜻풀이 송나라 양공의 어짊.

의미 쓸데없는 인정을 베푸는 행위를 비유하는 성어이다.

교과서 고등학교 한문   출전 《좌전(左傳)》;《사기(史記)》

宋	襄	之	仁
송나라 **송**	도울 **양**	어조사 **지**	어질 **인**
宋	襄	之	仁

심화학습

'송양지인'이 유래된 일화를 찾아보고, '무조건적 선' 혹은 '무조건적 배려'에 대한 자신의 생각을 자유롭게 써보기

공존과 관련한 성어에 대해 알아보기

105. 수수방관袖手傍觀

중국어 발음 xiù shǒu páng guān 씨우—셔우—팡—관

뜻풀이 손을 옷소매에 넣고 곁에서 쳐다보다.

의미 어떤 일을 당하는 데 곁에서 쳐다만 보고 있고 돕지 않는 것을 비유하는 성어이다.

교과서 초등학교 출전 〈제유자후문(祭柳子厚文)〉

袖	手	傍	觀
소매 **수**	손 **수**	곁 **방**	볼 **관**
袖	手	傍	觀

심화학습

아래에 제시한 '수수방관'과 관련된 이슈에 대한 생각을 자유롭게 써보기

1. '방관자 효과' :

2. '착한 사마리아인의 법(Good Samaritan Law)' :

'수수방관'이 들어간 나만의 문장 만들어보기

106. 수주대토 守株待兎

중국어 발음 shǒu zhū dài tù 셔우-쥬-따이-투

뜻풀이 나무 그루터기 지키며 토끼를 기다리다.

의미 한 가지 일에만 얽매여 발전을 모르는 어리석은 사람, 경험 부족으로 변통을 모르는 속 좁은 사람, 또는 요행을 바라는 심리를 비유하는 성어이다.

교과서 고등학교　**출전** 《논형(論衡)》

守	株	待	兎
지킬 **수**	그루 **주**	기다릴 **대**	토끼 **토**
守	株	待	兎

심화학습

'수주대토'와 같이 '어리석음'을 나타내는 의미의 고사성어를 더 찾아 써보기

'수주대토'가 들어간 나만의 문장 만들어보기

107. 순망치한 脣亡齒寒

중국어 발음 chún wáng chǐ hán 춘-왕-츠-한

뜻풀이 입술이 없어지면 이가 시려진다.

의미 서로 떨어질 수 없는 밀접한 관계라는 뜻의 성어이다.

교과서 초등학교 / 고등학교 한문 **출전** 《좌전(左傳)》

脣	亡	齒	寒
입술 **순**	망할 **망**	이 **치**	찰 **한**
脣	亡	齒	寒

심화학습

'순망치한'이 들어간 나만의 문장 만들어보기

'순망치한'과 유사한 뜻의 성어에 대해 알아보기

108. 승승장구 乘勝長驅

중국어 발음 chéng shèng cháng qū 청-셩-챵-취

뜻풀이 싸움에서 이긴 기세를 타고 계속 몰아치다.

의미 어떤 일이 잘될 때 계속 그 기세를 유지하여 더 큰 승리와 더 많은 것을 얻는다는 뜻
　　의 성어이다.

교과서 고등학교　출전 한국식 사자성어로 추정

乘	勝	長	驅
탈 승	이길 승	길 장	몰 구
乘	勝	長	驅

심화학습

'승승장구'가 들어간 나만의 문장 만들어보기

성공과 실패, 승리와 패배와 관련한 성어에 대해 알아보기

109. 시기상조 時機尚早

중국어 발음 shí jī shàng zǎo 스−지−샹−자오

뜻풀이 아직 때가 이르다.

———————

의미 어떤 일을 하기에 아직 적절한 때가 되지 않았음을 뜻하는 성어이다.

교과서 초등학교   **출전** 일본식 사자성어로 추정

時	機	尚	早
때 **시**	틀 **기**	오히려 **상**	이를 **조**
時	機	尚	早

심화학습

'시기상조'가 들어간 나만의 문장 만들어보기

'기회(機會)'에 관한 성어에 대해 알아보기

110. 시시비비 是是非非

중국어 발음 shì shì fēi fēi 스-스-페이-페이

뜻풀이 옳은 것은 옳고, 그른 것은 그르다.

의미 매사에 일을 바르게 판단하고, 잘잘못을 가린다는 뜻의 성어이다.

교과서 초등학교 3-1 국어연계 **출전** 《순자(荀子)》

是	是	非	非
옳을 **시**	옳을 **시**	아닐 **비**	아닐 **비**
是	是	非	非

심화학습

'시시비비'처럼 같은 글자를 겹쳐 놓아 뜻이 더욱 강조되는 구조를 '첩어구조(疊語構造)'라고
한다. '첩어구조'로 이루어진 단어를 더 찾아 써보자.

'시시비비'가 들어간 나만의 문장 만들어보기

111. 시종일관 始終一貫

중국어 발음 shǐ zhōng yī guàn 스-쫑-이-관

뜻풀이 처음부터 끝까지 같은 자세나 의지를 보이는 것.

의미 어떤 일을 할 때 처음 먹었던 마음을 끝까지 바꾸지 않고 마무리하는 자세와 태도를 가리키는 성어이다.

교과서 초등학교 **출전** 〈항일시기 중국공산당의 임무(中國共産黨在抗日時期的任務)〉

始	終	一	貫
비로소 **시**	마칠 **종**	한 **일**	꿸 **관**
始	終	一	貫

심화학습

'시종일관'과 유사한 의미를 가진 고사성어 더 찾아 써보기

'시종일관'이 들어간 나만의 문장 만들어보기

112. 심기일전 心機一轉

중국어 발음 xīn jī yī zhuǎn 씬-지-이-쫜

뜻풀이 마음의 틀을 바꾸다.

의미 어떠한 동기에 의하여 이제까지 먹었던 마음을 바꾼다는 뜻인데 마음의 자세를 새롭
게 가다듬는다는 의미가 강하다.

교과서 초등학교 3-1 국어연계 **출전** 일본식 사자성어

心	機	一	轉
마음 **심**	틀 **기**	한 **일**	구를 **전**
心	機	一	轉

심화학습

어떠한 계기로 인해 마음의 자세를 새롭게 바꿔 '심기일전'한 경험이 있다면 짧게 써보기

'심기일전'이 들어간 나만의 문장 만들어보기

113. 심사숙고 深思熟考

중국어 발음 shēn sī shú kǎo 션-쓰-슈-카오

뜻풀이 깊게 생각하고 곰곰이 살피다.

의미 일이나 상황이 왜 이렇게 되었는지 차분하게 깊이 곰곰이 생각하는 것을 가리키는
성어이다.

교과서 초등학교 3-1 국어연계   출전 《위서(魏書)》

深	思	熟	考
깊을 **심**	생각 **사**	익을 **숙**	생각할 **고**
深	思	熟	考

심화학습

앞서 배운 고사성어들 가운데서 '심사숙고'와 반대되는 의미를 가진 고사성어를 찾아 써보
면서 복습하기

'심사숙고'가 들어간 나만의 문장 만들어보기

114. 십시일반 十匙一飯

중국어 발음 shí chí yī fàn 스–츠–이–판

뜻풀이 열 사람이 한 술씩 보태면 한 사람 먹을 분량이 된다.

의미 여러 사람이 힘을 합하면 한 사람을 돕기는 쉽다는 뜻의 우리 성어이다.

교과서 초등학교 3학년 도덕연계   **출전** 《이담속찬(耳談續纂)》

十	匙	一	飯
열 **십**	숟가락 **시**	한 **일**	밥 **반**
十	匙	一	飯

심화학습

'십시일반'을 사용해서 기부를 독려하는 문구를 짧게 써보기

'십시일반'이 들어간 나만의 문장 만들어보기

115. 십중팔구 十中八九

중국어 발음 shí zhōng bā jiǔ 스-쭝-빠-지우

뜻풀이 열에 여덟아홉.

의미 거의 예외 없이 그럴 것으로 추측할 수 있음을 비유하는 성어이다.

교과서 초등학교   출전 〈부신행(負薪行)〉

十	中	八	九
열 **십**	가운데 **중**	여덟 **팔**	아홉 **구**
十	中	八	九

심화학습

'십중팔구'가 들어간 나만의 문장 만들어보기

열 '십(十)' 자가 들어가는 성어에 대해 알아보기

116. 아복기포, 불찰노기 我腹旣飽, 不察奴飢

중국어 발음 wǒ fù jì bǎo bù chá nú jī 워-푸-자-빠오-뿌-챠-누-지

뜻풀이 제 배가 부르면 종 배고픈 줄 모른다.

의미 자신의 처지가 나아지면 남의 어려움을 생각하지 않게 되는 것을 비유하는 우리 속
담의 한문 표현이다.

교과서 고등학교 한문   출전 《이담속찬》,《백언해》

我	腹	旣	飽
나 아	배 복	이미 기	배부를 포
我	腹	旣	飽

不	察	奴	飢
아닐 불	살필 찰	종 노	주릴 기
不	察	奴	飢

심화학습

'아복기포, 불찰노기'를 통해 얻을 수 있는 교훈을 간략히 써보기

117. 아전인수 我田引水

중국어 발음 wǒ tián yǐn shuǐ 워-티엔-인-슈이

뜻풀이 제 논에 물대기.

_____

의미 자기 이익만 생각하고 행동하는 것을 비유하거나, 자신에게만 이롭도록 억지로 꾸미
는 것을 비유하는 표현이다.

교과서 초등학교 5-1 국어연계   **출전** 일본식 성어

我	田	引	水
나 아	밭 전	끌 인	물 수
我	田	引	水

심화학습

점차 집단주의 사회에서 개인주의 사회로 변모하고 있는 대한민국의 현황을 '아전인수'에
빗대어 본인의 의견을 자유롭게 써보기

'아전인수'가 들어간 나만의 문장 만들어보기

118. 안하무인 眼下無人

중국어 발음 *yǎn xià wú rén* 옌−씨아−우−런

뜻풀이 눈 아래 사람이 없다.

의미 잘난 체하며 겸손하지 않고 건방져서 다른 사람을 업신여기는 것을 비유하는 표현이다.

교과서 초등학교 5−1 국어연계 **출전** 《이각박안경기(二刻拍案驚奇)》, 《동주열국지(東周列國志)》

眼	下	無	人
눈 **안**	아래 **하**	없을 **무**	사람 **인**
眼	下	無	人

심화학습

한 조직의 리더가 '안하무인'의 태도를 가진 사람이라면, 그 조직의 미래는 어떠한 지 예측해보기

'안하무인'이 들어간 나만의 문장 만들어보기

119. 애지중지 愛之重之

중국어 발음 ài zhī zhòng zhī 아이-즈-쭝-즈

뜻풀이 무엇을 매우 사랑하고 중시하다.

의미 특정한 그 무엇, 또는 사람을 몹시도 소중하게 여기는 것을 비유하는 표현이다.

교과서 초등학교   출전 〈계형자엄돈서(誡兄子嚴敦書)〉

愛	之	重	之
사랑 애	어조사 지	무거울 중	어조사 지
愛	之	重	之

심화학습

'애지중지'가 들어간 나만의 문장 만들어보기

사랑 '애(愛)' 자가 들어가는 성어에 대해 알아보기

120. 어부지리 漁父之利

중국어 발음 yú fù zhī lì 위−푸−즈−리

뜻풀이 어부의 이익.

───────

의미 둘이 다투는 사이 제 3자가 이익을 얻는 것을 비유하는 표현이다.

교과서 초등학교 6−1 국어연계   출전《전국책(戰國策)》

漁	父	之	利
고기 잡을 **어**	아비 **부**	어조사 **지**	이로울 **리**
漁	父	之	利

심화학습

'어부지리'가 유래된 일화를 알아보고 간략히 요약해보기

'어부지리'가 들어간 나만의 문장 만들어보기

121. 어불성설 語不成說

중국어 발음 yǔ bù chéng shuō 위–뿌–청–쓔어

뜻풀이 하는 말이 앞뒤가 맞지 않다.

의미 말이나 문장이 이치나 맥락에 맞지 않아 온전한 말이나 문장이 되지 못함을 비유하는 표현이다.

교과서 초등학교 5–1 국어연계   **출전** 한국식 사자성어로 추정

語	不	成	說
말씀 어	아닐 불	이룰 성	말씀 설
語	不	成	說

심화학습

'어불성설'이 들어간 나만의 문장 만들어보기

언어(言語)에 관한 성어에 대해 알아보기

122. 여리박빙 如履薄氷

중국어 발음 rú lǚ bó bing 루−뤼−보−삥

뜻풀이 살얼음을 밟는 듯하다.

─────────────

의미 아슬아슬하고 위험한 상황을 비유하는 표현이다.

교과서 고등학교 한문 출전 《시경(詩經)》

如	履	薄	氷
같을 여	밟을 리	엷을 박	얼음 빙
如	履	薄	氷

심화학습

《시경(詩經)》에 대해 좀 더 알아보기

'여리박빙'이 들어간 나만의 문장 만들어보기

123. 역지사지 易地思之

중국어 발음 yì dì sī zhī 이-띠-쓰-즈

뜻풀이 입장을 바꾸어 생각하다.

의미 다른 사람의 처지에서 생각해 볼 것을 비유하는 표현이다.

교과서 초등학교 4-2 국어연계 출전 한국식 사자성어

易	地	思	之
바꿀 **역**	땅 **지**	생각 **사**	어조사 **지**
易	地	思	之

심화학습

'역지사지'는 사회적 갈등을 해결할 수 있는 중요한 열쇠라고 할 수 있다. 최근에 발생한 사회적 갈등 중 하나를 골라, '역지사지'로 해결할 수 있는 방법을 생각해보고 짧게 써보자.

'역지사지'가 들어간 나만의 문장 만들어보기

124. 연목구어 緣木求魚

중국어 발음 yuán mù qiú yú 웬–무–치우–위

뜻풀이 나무에 올라가서 물고기를 구하다.

의미 안 되는 일을 굳이 하려는 행동을 비유하는 표현이다.

교과서 고등학교 한문   출전 《맹자》

緣	木	求	魚
인연 **연**	나무 **목**	구할 **구**	물고기 **어**
緣	木	求	魚

심화학습

'연목구어'가 유래된 일화를 알아보고 간략히 요약해보기

'연목구어'가 들어간 나만의 문장 만들어보기

125. 오리무중 五里霧中

중국어 발음 wú lǐ wù zhōng 우-리-우-쭝

뜻풀이 짙은 안개가 5리나 끼어 있는 가운데에 있다.

의미 안개가 자욱하게 낀 상황처럼 일의 갈피나 사람의 행방을 알 수 없는 것을 비유하는
      표현이다.

교과서 초등학교   출전 《후한서》

五	里	霧	中
다섯 **오**	마을 **리**	안개 **무**	가운데 **중**
五	里	霧	中

심화학습

'오리무중'이 사용된 기사 제목을 찾아 써보고, 주로 어떤 상황에서 쓰이는지 간략히 써보기

'오리무중'이 들어간 나만의 문장 만들어보기

126. 오비삼척 吾鼻三尺

중국어 발음 wú bí sān chǐ 우−비−싼−츠

뜻풀이 내 코가 석 자다.

의미 내 일이나 사정이 급해 다른 사람의 사정을 돌볼 겨를이 없음을 비유하는 성어이다.

교과서 중학교 한문   **출전**《동한역어》외

吾	鼻	三	尺
나 오	코 비	석 삼	자 척
吾	鼻	三	尺

심화학습

'오비삼척'의 유래는 '비(鼻)'가 무엇을 의미하는 지에 따라 두 가지 설이 있는데, 찾아서 요약하여 써보기

'오비삼척'이 들어간 나만의 문장 만들어보기

127. 오비이락 烏飛梨落

중국어 발음 wū fēi lí luò 우-페이-리-루어

뜻풀이 까마귀 날자 배 떨어진다.

의미 관계없는 일이 우연히 동시에 일어나 괜히 의심을 받게 되는 상황을 비유하는 성어이다.

교과서 중학교 한문 / 고등학교 한문 **출전**《순오지》외

烏	飛	梨	落
까마귀 **오**	날 **비**	배 **리**	떨어질 **락**
烏	飛	梨	落

심화학습

'오비이락'은 논리학에서 비형식적 오류의 대표적인 예시로 자주 소개된다. 그 가운데서도 '거짓 원인'이라는 오류 유형에 속하는데, 이 오류 유형의 예시를 더 찾아서 써보자.

(예시 : "새벽 시간이 되면 닭이 운다. 따라서 닭이 없다면 새벽도 오지 않을 것이다.")

'오비이락'이 들어간 나만의 문장 만들어보기

128. 오십보백보 五十步百步

중국어 발음 wǔ shí bù bǎi bù 우−스−뿌−바이−뿌

뜻풀이 오십 걸음과 백 걸음.

의미 조금 낫고 못한 정도의 차이는 있으나 본질적으로는 차이가 없음을 비유하는 성어이다.

교과서 중학교 한문   **출전** 《맹자》

五	十	步	百	步
다섯 **오**	열 **십**	걸음 **보**	일백 **백**	걸음 **보**
五	十	步	百	步

심화학습

《맹자》〈양혜왕 상(梁惠王 上)〉에서 '오십보백보'가 유래된 일화를 알아보고 간략히 요약해 보기

'오십보백보'가 들어간 나만의 문장 만들어보기

129. 오월동주 吳越同舟

중국어 발음 wú yuè tóng zhōu 우–위에–통–저우

뜻풀이 오나라 사람과 월나라 사람이 한배를 타다.

의미 적이라도 위험에 처하면 서로 돕는 것을 비유하는 성어이다.

교과서 고등학교 한문   **출전** 《손자병법(孫子兵法)》

吳	越	同	舟
나라 이름 **오**	넘을 **월**(나라 이름)	한가지 **동**	배 **주**
吳	越	同	舟

심화학습

아래에 제시한 분야에서 '오월동주'가 사용된 기사 제목을 찾아 써보고, 각각 어떻게 쓰이는 지 간략히 써보기

1. 정치

2. 기업경영

130. 온고지신 溫故知新

중국어 발음 wēn gù zhī xīn 원-구-즈-씬

뜻풀이 옛것을 익혀 새것을 알다.

의미 앞서 배운 것을 익혀서 그때마다 늘 새로운 깨달음을 얻는 것을 비유하는 성어이다.

교과서 초등학교 3-2 사회연계 / 중학교 한문 / 고등학교 한문 출전 《논어》

溫	故	知	新
따뜻할 **온**	연고 **고**	알 **지**	새 **신**
溫	故	知	新

심화학습

'창의성'의 정의를 찾아 써보고, 그 정의를 바탕으로 '창의성' 증진을 위한 '온고지신'의 중요성을 간략히 써보기

'온고지신'이 들어간 나만의 문장 만들어보기

131. 와신상담 臥薪嘗膽

중국어 발음 wò xīn cháng dǎn 워-씬-챵-단

뜻풀이 장작더미에서 자고 쓸개를 핥다.

_____

의미 원수를 갚거나 마음먹은 일을 이루기 위해 온갖 어려움과 괴로움을 참고 견디는 것
　　을 비유하는 성어이다.

교과서 고등학교 한문　출전《사기》

臥	薪	嘗	膽
누울 와	섶 신	맛볼 상	쓸개 담
臥	薪	嘗	膽

＊섶 : 잎나무, 풋나무, 물거리 따위의 땔나무를 통틀어 이르는 말.

심화학습

'와신상담'이 들어간 나만의 문장 만들어보기

'와신상담'과 유사한 뜻의 성어에 대해 알아보기

132. 외유내강 外柔內剛

중국어 발음 wài róu nèi gāng 와이–러우–네이–깡

뜻풀이 겉으로 보기에는 부드러우나 속은 꿋꿋하고 강(強)함.

의미 약하고 부드러워 보이는데 강한 의지를 가진 사람을 비유하는 성어이다.

교과서 초등학교 6학년 도덕 연계 / 고등학교 한문   출전《역경(易經)》;《진서(晉書)》

外	柔	內	剛
바깥 **외**	부드러울 **유**	안 **내**	굳셀 **강**
外	柔	內	剛

심화학습

'외유내강'이 들어간 나만의 문장 만들어보기

'외유내강'과 유사한 뜻의 성어에 대해 알아보기

133. 용두사미 龍頭蛇尾

중국어 발음 lóng tóu shé wěi 롱-터우-서-웨이

뜻풀이 용의 머리에 뱀의 꼬리.

의미 시작은 대단했으나 그 끝은 보잘것없음을 비유하는 성어이다.

교과서 초등학교 **출전** 《주자어류(朱子語類)》; 《오등회원(五燈會元)》

龍	頭	蛇	尾
용 **룡**	머리 **두**	뱀 **사**	꼬리 **미**
龍	頭	蛇	尾

심화학습

'용두사미'라고 할 수 있는 드라마나 영화를 본 적이 있다면 짧게 써보기

'용두사미'가 들어간 나만의 문장 만들어보기

134. 우공이산 愚公移山

중국어 발음 yú gōng yí shān 위-공-이-쌴

뜻풀이 '우공'(우화 속 주인공의 이름으로, 어리석은 노인이라는 뜻도 내포)이 산을 옮기다.

의미 무슨 일이든 꾸준히 노력하면 결국 큰 일을 이룰 수 있음을 비유하는 성어다.

교과서 중학교 한문 / 고등학교 한문   출전 《열자(列子)》

愚	公	移	山
어리석을 **우**	공평할 **공**	옮길 **이**	메 **산**
愚	公	移	山

심화학습

'우공이산'을 통해 얻을 수 있는 교훈과 앞으로의 다짐을 짧게 써보기

'우공이산'이 들어간 나만의 문장 만들어보기

135. 우도할계 牛刀割鷄

중국어 발음 niú dāo gē jī 니우-따오-꺼-지

뜻풀이 소 잡는 칼로 닭을 자르다.

———————————

의미 작은 일에 어울리지 않게 큰 도구를 쓰는 것을 이르는 성어이다.

교과서 고등학교 한문 출전 《논어》

牛	刀	割	鷄
소 우	칼 도	벨 할	닭 계
牛	刀	割	鷄

심화학습

'우도할계'가 들어간 나만의 문장 만들어보기

《논어》에 나오는 공자의 유머에 대해 알아보기

58

136. 우왕좌왕 右往左往

중국어 발음 yòu wǎng zuǒ wǎng 요우–왕–주어–왕

뜻풀이 오른쪽으로 갔다 왼쪽으로 갔다 하다.

의미 바른 방향을 잡지 못하거나 차분하게 행동하지 못하고 갈팡질팡하는 모습을 비유하는 성어이다.

교과서 초등학교 5학년 도덕 연계   출전 일본식 사자성어

右	往	左	往
오른 **우**	갈 **왕**	왼 **좌**	갈 **왕**
右	往	左	往

심화학습

'우왕좌왕'이 들어간 나만의 문장 만들어보기

동서남북 방향과 관련한 성어에 대해 알아보기

137. 우유부단 優柔不斷

중국어 발음 yōu róu bù duān 요우-러우-뿌-뚜안

뜻풀이 너무 부드러워 맺고 끊질 못한다.

의미 어떤 일을 할 때 망설이기만 하고 과감하게 실행하지 못함을 비유하는 성어이다.

교과서 초등학교 6학년 도덕 연계 **출전** 《한비자》

優	柔	不	斷
넉넉할 **우**	부드러울 **유**	아닐 **부**	끊을 **단**
優	柔	不	斷

심화학습

아래에 제시한 '우유부단'과 관련된 단어들의 한자 표기와 사전적 정의를 찾아 써보기

1. 결단력 :

2. 과단성 :

'우유부단'이 들어간 나만의 문장 만들어보기

138. 우자패지어역리 愚者敗之於逆理

중국어 발음 yú zhé bài zhī yú nì lǐ 위-져-바이-위-니-리

뜻풀이 어리석은 사람은 이치를 거스리는 데서 실패한다.

의미 어리석은 사람은 세상사 이치나 올바른 길이 아닌 그와는 반대로 행동하기 때문에 실패한다는 뜻이다.

교과서 중학교 한문　**출전** 〈토황소격문(討黃巢檄文)〉

愚	者	敗
어리석을 **우**	놈 **자**	패할 **패**
愚	者	敗

之	於	逆	理
어조사 **지**	어조사 **어**	거스를 **역**	다스릴 **리**
之	於	逆	理

심화학습

최치원과 〈토황소격문〉에 대해 알아보기

139. 월단평 月旦評

중국어 발음 yuè dàn píng 위에-딴-핑

뜻풀이 매월 초하루의 논평.

의미 인물이나 그 인물의 글에 대한 평을 비유하는 용어이다.

교과서 고등학교 한문 **출전** 《후한서》〈허소전(許劭傳)〉

月	旦	評
달 **월**	아침 **단**	평할 **평**
月	旦	評

심화학습

'월단평'이 유래된 일화를 알아보고 간략히 요약해보기

'월단평이 들어간 나만의 문장 만들어보기

140. 위풍당당 威風堂堂

중국어 발음 wēi fēng táng táng 웨이–펑–탕–탕

뜻풀이 위엄이 넘치고 거리낌 없이 떳떳하다.

의미 모습이나 크기가 남을 압도할 만큼 의젓하고 엄숙한 태도나 기세를 비유하는 용어이다.

교과서 초등학교 6학년 도덕 연계 **출전** 출처 불명

威	風	堂	堂
위엄 **위**	바람 **풍**	집 **당**	집 **당**
威	風	堂	堂

심화학습

'위풍당당'이 들어간 나만의 문장 만들어보기

'위풍당당'과 같은 뜻을 가진 중국의 성어에 대해 알아보기

141. 유구무언 有口無言

중국어 발음 yǒu kǒu wú yán 요우-커우-우-앤

뜻풀이 입이 있어도 할 말이 없다.

의미 잘못한 것이 분명해서 변명할 말이 없음을 비유하는 용어이다.

교과서 초등학교   출전 한국식 사자성어로 추정

有	口	無	言
있을 유	입 구	없을 무	말씀 언
有	口	無	言

심화학습

'유구무언'이 들어간 나만의 문장 만들어보기

말조심에 관한 성어에 대해 알아보기

142. 유비무환 有備無患

중국어 발음 yǒu bèi wú huàn 요우-베이-우-환

뜻풀이 준비가 있으면 근심이 없다.

_____

의미 미리 준비가 되어 있으면 어떤 어려움도 없고 뒷걱정이 없다는 뜻의 성어이다.

교과서 초등학교   출전 《상서(尚書)》;《춘추좌전(春秋左傳)》

有	備	無	患
있을 **유**	갖출 **비**	없을 **무**	근심 **환**
有	備	無	患

심화학습

'유비무환'을 통해 얻을 수 있는 교훈과 앞으로의 다짐을 짧게 써보기

'유비무환'이 들어간 나만의 문장 만들어보기

143. 유야무야 有耶無耶

중국어 발음 yóu yé wú yé 요우-예-우-예

뜻풀이 있는 듯 없는 듯.

의미 있는 것 같기도 하고 없는 것 같기도 한 흐지부지한 상태나 상황을 비유하는 성어이다.

교과서 고등학교 한문 **출전** 불교식 용어로 추정

有	耶	無	耶
있을 **유**	어조사 **야**	없을 **무**	어조사 **야**
有	耶	無	耶

심화학습

'유야무야'와 유사한 뜻의 성어에 대해 알아보기

'유야무야'가 들어간 나만의 문장 만들어보기

144. 유유자적 悠悠自適

중국어 발음 yōu yōu zì shì 요우–요우–쯔–스

뜻풀이 여유가 있어 한가롭고 걱정이 없는 모양.

의미 속세를 떠나 아무 속박 없이 조용하고 편안하게 사는 모습을 비유하는 성어이다.

교과서 고등학교 한문 출전 〈중승장공묘지명(中丞蔣公墓誌銘)〉

悠	悠	自	適
멀 유	멀 유	스스로 자	맞을 적
悠	悠	自	適

심화학습

'유유자적'의 태도가 잘 드러나는 우리나라 고전시가 한 작품을 골라 써보기

'유유자적'이 들어간 나만의 문장 만들어보기

145. 읍참마속 泣斬馬謖

중국어 발음 qì zhǎn mǎ sù 치—짠—마—쑤

뜻풀이 눈물을 흘리며 마속의 목을 베다.

의미 큰 목적을 위해 자기가 아끼는 사람을 버린다는 뜻의 성어이다.

교과서 고등학교 한문 **출전** 《삼국연의》

泣	斬	馬	謖
울 **읍**	벨 **참**	말 **마**	일어날 **속**
泣	斬	馬	謖

심화학습

'읍참마속'이 유래된 일화를 알아보고 간략히 요약해보기

더 큰 목적을 위해 정말 아끼는 것을 포기한 경험이 있다면 짧게 써보기

146. 이구동성異口同聲

중국어 발음 yì kǒu tóng shēng 이-커우-퉁-셩

뜻풀이 입은 다르지만 하는 말은 같다.

___

의미 여러 사람이 같은 의견이나 입장을 보이는 모습을 비유하는 성어이다.

교과서 초등학교 3-1 국어 연계   출전 《송서(宋書)》

異	口	同	聲
다를 **이**	입 **구**	한가지 **동**	소리 **성**
異	口	同	聲

심화학습

'이구동성'이 들어간 나만의 문장 만들어보기

소리 '성(聲)' 자가 들어가는 성어에 대해 알아보기

147. 이실직고 以實直告

중국어 발음 yǐ shí zhí gào 이–스–즈–까오

뜻풀이 사실을 그대로 말하다.

의미 사실을 있는 그대로 바로 알린다는 뜻의 성어이다.

교과서 초등학교 3–2 국어 연계   출전 한국식 사자성어

以	實	直	告
써 **이**	열매 **실**	곧을 **직**	고할 **고**
以	實	直	告

심화학습

'이실직고'가 들어간 나만의 문장 만들어보기

열매 '실(實)' 자가 들어가는 성어에 대해 알아보기

148. 이심전심 以心傳心

중국어 발음 yǐ xīn chuán xīn 이-씬-추안-씬

뜻풀이 마음으로써 마음을 전하다.

의미 굳이 말이나 글로 전하지 않아도 서로 마음이 통한다는 뜻의 성어이다.

교과서 초등학교   출전 《육조단경(六祖壇經)》;《전등록(傳燈錄)》

以	心	傳	心
써 **이**	마음 **심**	전할 **전**	마음 **심**
以	心	傳	心

심화학습

말하지 않았는 데도 누군가와 마음이 통했던 경험이 있다면 짧게 써보기

'이심전심'이 들어간 나만의 문장 만들어보기

149. 이전투구 泥田鬪狗

중국어 발음 ní tián dòu gǒu 니-티엔-떠우-꺼우

뜻풀이 진흙탕에서 싸우는 개.

_____

의미 자기 이익을 위해 비열하게 다투는 것을 비유하는 성어이다.

교과서 고등학교 한문 **출전** 《택리지(擇里志)》

泥	田	鬪	狗
진흙 **니**	밭 **전**	싸움 **투**	개 **구**
泥	田	鬪	狗

심화학습

조선 8도 각 지역의 인심을 4자(字)로 나타낸 사자평(四字評)을 찾아 써보기

'이전투구'가 들어간 나만의 문장 만들어보기

150. 인과응보 因果應報

중국어 발음 yīn guǒ yīng bào 인-궈-잉-빠오

뜻풀이 원인과 결과는 서로 물린다.

의미 좋은 일에게는 좋은 결과가, 나쁜 일에는 나쁜 결과로 돌아온다는 뜻의 성어이다.

교과서 초등학교   **출전** 《자은전(慈恩傳)》

因	果	應	報
인할 **인**	실과 **과**	응할 **응**	갚을 **보**
因	果	應	報

심화학습

현실에서 '인과응보'의 법칙은 항상 존재하는 지에 대한 본인의 생각을 자유롭게 써보기

'인과응보'가 들어간 나만의 문장 만들어보기

151. 인산인해 人山人海

중국어 발음 rén shān rén hǎi 런-싼-런-하이

뜻풀이 사람의 산과 사람의 바다.

―――――――――

의미 헤아릴 수 없이 많은 사람이 모여 있는 모습을 비유하는 성어이다.

교과서 초등학교 6-1 국어연계   출전 《수호전》 외

人	山	人	海
사람 **인**	메 **산**	사람 **인**	바다 **해**
人	山	人	海

심화학습

지금까지 가본 여행을 회상해보고, 가장 '인산인해'였던 여행지를 써보기

'인산인해'가 들어간 나만의 문장 만들어보기

152. 인지상정 人之常情

중국어 발음 rén zhī cháng qíng 런-쯔-챵-칭

뜻풀이 사람으로 누구나 가지는 보통의 감정이나 생각.

의미 일반인이 통상적으로 갖고 있는 감정을 가리키는 성어이다.

교과서 초등학교 4-1 국어연계   출전 《조씨백중우의전(趙氏伯仲友義傳)》

人	之	常	情
사람 **인**	어조사 **지**	항상 **상**	뜻 **정**
人	之	常	情

심화학습

'인지상정'이 들어간 나만의 문장 만들어보기

'인심향배(人心向背)' 중국 성어에 대해 알아보기

153. 일석이조 一石二鳥

중국어 발음 yī shí èr niǎo 이-스-얼-니아오

뜻풀이 둘 하나로 두 마리의 새를 잡다.

의미 한 가지 일을 해서 두 가지 이익을 한 번에 얻는 것을 비유하는 성어이다.

교과서 초등학교 5학년 도덕 연계 / 중학교 한문 **출전** 영어 속담

一	石	二	鳥
한 **일**	돌 **석**	두 **이**	새 **조**
一	石	二	鳥

심화학습

'일석이조'와 유사한 의미를 가진 고사성어 더 찾아 써보기

'일석이조'가 들어간 나만의 문장 만들어보기

154. 일취월장 日就月將

중국어 발음 rì jiù yuè jiāng 르-지우-위에-지앙

뜻풀이 매일 얻는 바가 있고 매달 진보한다.

의미 학문이나 실력이 날마다 달마다 성장하고 발전하는 것을 비유하는 성어이다.

교과서 초등학교 3-1 도덕 연계 출전 《시경(詩經)》

日	就	月	將
날 일	나아갈 취	달 월	장수 장
日	就	月	將

심화학습

'일취월장'이 들어간 나만의 문장 만들어보기

'일취월장'과 같거나 유사한 뜻의 성어에 대해 알아보기

155. 임기응변 臨機應變

중국어 발음 lín jī yīng biàn 린-지-잉-비앤

뜻풀이 그때그때 처한 형편에 따라 알맞게 일을 처리하다.

의미 갑작스러운 상황에서 빠르게 순발력 있게 행동하거나 대처하거는 것을 비유하는 성어이다.

교과서 초등학교 2-2 국어 연계   **출전** 《구당서(舊唐書)》 외

臨	機	應	變
임할 **림**	틀 기	응할 **응**	변할 **변**
臨	機	應	變

심화학습

아래에 제시한 '임기응변'과 관련된 단어들의 한자 표기와 사전적 정의를 찾아 써보기

1. 순발력 :

2. 융통성 :

'임기응변'이 들어간 나만의 문장 만들어보기

156. 임전무퇴 臨戰無退

중국어 발음 lín zhàn wú tuì 린–짠–우–투이

뜻풀이 싸움에 임해서는 물러나서는 안 된다.

의미 자신이 맡은 일이나 해야 할 일에서 포기하지 말라는 뜻의 성어이기도 하다.

교과서 초등학교   출전《삼국유사(三國遺事)》,《삼국사기(三國史記)》

臨	戰	無	退
임할 **림**	싸움 **전**	없을 **무**	물러날 **퇴**
臨	戰	無	退

심화학습

'임전무퇴'를 통해 얻을 수 있는 교훈과 앞으로의 다짐을 짧게 써보기

'임전무퇴'가 들어간 나만의 문장 만들어보기

157. 입신양명 立身揚名

중국어 발음 lì shēn yáng míng 리-션-양-밍

뜻풀이 몸을 세우고 이름을 날리다.

의미 명예나 부, 지위 따위를 얻어 사회적으로 출세한 것을 비유하는 성어이다.

교과서 초등학교 3-2 국어 연계 **출전** 《효경(孝經)》

立	身	揚	名
설 **립**	몸 신	날릴 **양**	이름 **명**
立	身	揚	名

심화학습

'입신양명'이 들어간 나만의 문장 만들어보기

'입신양명'과 유사한 뜻의 성어에 대해 알아보기

158. 입현무방 立賢無方

중국어 발음 lì xián wú fāng 리—씨앤—우—팡

뜻풀이 어진 인재를 기용할 때 부류를 따지지 않다.

의미 인재를 기용할 때 출신 등을 가리지 말고 능력을 보고 기용해야 함을 비유하는 성어
이다.

교과서 고등학교 한문   출전 《맹자》

立	賢	無	方
설 **립**	어질 **현**	없을 **무**	모 **방**
立	賢	無	方

심화학습

한국 사회의 뿌리 깊은 '연고주의(학연, 혈연, 지연)'를 '입현무방'과 연결지어 생각해보고 의
견을 짧게 써보기

'입현무방'이 들어간 나만의 문장 만들어보기

159. 자격지심 自激之心

중국어 발음 zì jī zhī xīn 쯔-지-즈-씬

뜻풀이 자신에 대해 스스로 모자란다고 생각하는 마음.

의미 자신의 처지나 자신이 한 일에 대해 부족하다고 생각하는 열등감을 비유하는 성어이다.

교과서 초등학교 3-1 도덕연계 **출전** 한국식 사자성어로 추정

自	激	之	心
스스로 **자**	격할 **격**	어조사 **지**	마음 **심**
自	激	之	心

심화학습

'자격지심'은 흔히 '양날의 검'이라고 불리는 감정인데, 그 이유가 무엇일지 생각해보고 의견을 짧게 써보기

'자격지심'이 들어간 나만의 문장 만들어보기

160. 작심삼일 作心三日

중국어 발음 zuò xīn sān rì 쭈어-씬-싼-르
뜻풀이 단단히 먹은 마음이 사흘을 넘기지 못한다.

의미 무엇인가를 해보겠다고 마음을 먹지만 얼마 지나지 않아 포기하는 것을 비유하는 성어이다.

교과서 초등학교 4학년 도덕연계 **출전** 한국식 사자성어

作	心	三	日
지을 **작**	마음 **심**	석 **삼**	날 **일**
作	心	三	日

심화학습

본인의 삶을 돌아보며 '작심삼일' 해본 경험이 있다면, 그 원인이 무엇이었는지 생각해보고 앞으로의 다짐을 짧게 써보기

'작심삼일'이 들어간 나만의 문장 만들어보기

161. 적공지탑불휴 積功之塔不墮

중국어 발음 jī gōng zhī tǎ bù huī 지-공-즈-타-부-후이

뜻풀이 공을 들여 쌓은 탑은 무너지지 않는다.

의미 정성을 다해 최선을 다한 일은 그 결과 헛되지 않는다는 것을 비유하는 성어이다.

교과서 고등학교 한문   출전 《순오지》 외

積	功	之	塔	不	墮
쌓을 **적**	공 **공**	어조사 **지**	탑 **탑**	아닐 **불**	무너뜨릴 **휴**
積	功	之	塔	不	墮

심화학습

'적공지탑불휴'와 같이 '최선을 다하는 태도'를 강조하는 고사성어를 더 찾아 써보기

'적공지탑불휴'가 들어간 나만의 문장 만들어보기

162. 적반하장 賊反荷杖

중국어 발음 zéi fǎn hé zhàng 쩨이-판-허-짱

뜻풀이 도둑이 도리어 매를 든다.

의미 잘못한 자가 오히려 잘한 사람을 나무라는 경우를 비유하는 성어이다.

교과서 초등학교 3-2 국어 연계   출전 《순오지》외

賊	反	荷	杖
도둑 **적**	돌이킬 **반**	멜 **하**	지팡이 **장**
賊	反	荷	杖

심화학습

'적반하장'이 들어간 나만의 문장 만들어보기

'적반하장'과 유사한 뜻의 성어에 대해 알아보기

163. 전화위복 轉禍爲福

중국어 발음 zhuǎn huò wéi fú 쭈안–후어–웨이–푸

뜻풀이 화가 바뀌어 복이 된다.

─────────────

의미 좋지 않은 일이 계기가 되어 오히려 좋은 일이 생겼음을 비유하는 성어이다.

교과서 초등학교 / 고등학교 한문   출전 《사기》

轉	禍	爲	福
구를 전	재앙 화	할 위	복 복
轉	禍	爲	福

심화학습

앞서 배운 고사성어들 가운데서 '전화위복'과 유사한 의미를 가진 고사성어를 찾아 써보면서 복습하기

'전화위복'이 들어간 나만의 문장 만들어보기

164. 정문일침 頂門一針

중국어 발음 dǐng mén yī zhēn 띵-먼-이-쩐

뜻풀이 정수리에 침을 놓다.

의미 따끔한 충고나 교훈을 비유하는 성어이다.

교과서 중학교 한문 **출전** 〈제무타조공사집정은수간(題毋惰趙公爵執政恩數簡)〉외

頂	門	一	針
정수리 **정**	문 **문**	한 **일**	바늘 **침**
頂	門	一	針

심화학습

'정문일침'이 들어간 나만의 문장 만들어보기

사물과 현상의 핵심을 찌르는 성어에 대해 알아보기

165. 조삼모사 朝三暮四

중국어 발음 zhāo sān mù sì 짜오–싼–무–쓰

뜻풀이 아침에 세 개, 저녁에 네 개.

의미 잔꾀를 남을 속이는 것을 비유하는 성어이다.

교과서 초등학교 6-1 국어 연계 / 중학교 한문 **출전**《장자(莊子)》

朝	三	暮	四
아침 **조**	석 **삼**	저물 **모**	넉 **사**
朝	三	暮	四

심화학습

《장자(莊子)》에서 '조삼모사'가 유래된 일화를 찾아 요약하여 써보기

'조삼모사'가 들어간 나만의 문장 만들어보기

166. 주객전도 主客顚倒

중국어 발음 zhù kè diān dǎo 쭈-커-디앤-따오

뜻풀이 주인과 손님이 뒤바뀌다.

의미 서로의 입장이 뒤바뀐 것이나 일의 차례가 뒤바뀐 것을 비유하는 성어이다.

교과서 초등학교   출전 〈전운포우화종문(滇雲浦雨話從文)〉

主	客	顚	倒
주인 **주**	손 **객**	넘어질 **전**	넘어질 **도**
主	客	顚	倒

심화학습

'주객전도'와 비슷한 의미의 우리나라 속담을 찾아 뜻과 함께 써보기

'주객전도'가 들어간 나만의 문장 만들어보기

167. 주마간산 走馬看山

중국어 발음 zǒu mǎ kàn shàn 저우-마-칸-샨
뜻풀이 말을 달리며 산을 보다.

─────────────

의미 자세히 살피지 않고 대충대충 보고 지나가는 것을 비유하는 성어이다.
교과서 중학교 한문 **출전** 〈등과후(登科後)〉

走	馬	看	山
달릴 주	말 마	볼 간	메 산
走	馬	看	山

심화학습

'주마간산'은 유래된 당시에는 지금의 의미가 아니었으나, 시간이 지나면서 지금의 의미로 바뀌었다. 유래된 시를 찾아 써보며 이해해보자.

'주마간산'이 들어간 나만의 문장 만들어보기

168. 죽마고우 竹馬故友

중국어 발음 zhú mǎ gù yǒu 쭈-마-구-요우

뜻풀이 대나무로 만든 말을 타고 놀던 친구.

의미 어렸을 때부터 사귀어 온 오랜 친구를 비유하는 성어이다.

교과서 초등학교 5-1 국어 연계   출전 〈장간행(長干行)〉;《진서(晉書)》

竹	馬	故	友
대나무 **죽**	말 **마**	연고 **고**	벗 **우**
竹	馬	故	友

심화학습

'죽마고우'가 들어간 나만의 문장 만들어보기

우정과 원수에 관한 성어에 대해 알아보기

169. 지과필개 知過必改

중국어 발음 zhī guò bì gǎi 즈—구어—삐—가이

뜻풀이 잘못을 알면 반드시 고친다.

의미 자신이 무엇을 잘못했는지 알게 되면 틀림없이 잘못을 바로잡는다는 뜻의 성어이다.

교과서 중학교 한문 **출전** 《천자문》; 《논어》외

知	過	必	改
알 **지**	지날 **과**	반드시 **필**	고칠 **개**
知	過	必	改

심화학습

《천자문》과 《논어》에서 각각 '지과필개'가 나오는 구절을 찾아 써보기

'지과필개'가 들어간 나만의 문장 만들어보기

170. 지록위마 指鹿爲馬

중국어 발음 zhǐ iù wéi mǎ 즈-루-웨이-마

뜻풀이 사슴을 가리켜 말이라 하다.

의미 위아래 사람들을 농락하여 권력을 마음대로 휘두르는 것을 비유하는 성어이다.

교과서 고등학교 한문   출전 《사기》

指	鹿	爲	馬
가리킬 **지**	사슴 **록**	할 **위**	말 **마**
指	鹿	爲	馬

심화학습

《사기》〈진시황본기〉에서 '지록위마'가 유래된 일화를 찾아 써보기

'지록위마'가 들어간 나만의 문장 만들어보기

171. 지성감천 至誠感天

중국어 발음 zhì chéng gǎn tiān 즈-청-간-티엔

뜻풀이 지극한 정성을 하늘을 감동시킨다.

의미 하늘조차 감동시킬 수 있는 지극한 정성을 나타내는 성어이다.

교과서 중학교 한문 **출전** 《중용》

至	誠	感	天
이를 **지**	정성 **성**	느낄 **감**	하늘 **천**
至	誠	感	天

심화학습

《중용(中庸)》에 대해 좀 더 알아보기

'지성감천'이 들어간 나만의 문장 만들어보기

172. 지피지기 知彼知己

중국어 발음 zhī bǐ zhī jǐ 즈-비-즈-지

뜻풀이 적을 알고 나를 안다.

─────────

의미 싸움에 있어서는 상대를 먼저 알고 나를 알아야 한다는 뜻의 성어이다.

교과서 초등학교 / 중학교 한문   출전 《손자(孫子)》

知	彼	知	己
알 지	저 피	알 지	몸 기
知	彼	知	己

심화학습

《손자(孫子)》에서 '지피지기'가 나오는 구절을 찾아 써보기

'지피지기'가 들어간 나만의 문장 만들어보기

173. 천고마비 天高馬肥

중국어 발음 tiān gāo mǎ féi 티앤-까오-마-페이

뜻풀이 하늘은 높고 말은 살찐다.

─────────

의미 맑고 풍요로운 가을을 비유하는 성어이다.

교과서 초등학교   출전 《전당시(全唐詩)》〈증소미도(贈蘇味道)〉

天	高	馬	肥
하늘 천	높을 고	말 마	살찔 비
天	高	馬	肥

심화학습

'천고마비'가 어떻게 가을을 비유하는 말이 되었는지 유래를 통해 알아보기

'천고마비'가 들어간 나만의 문장 만들어보기

174. 천리지행시어족하 千里之行始於足下

중국어 발음 qiān lǐ zhī xíng shǐ yú zú xià 치앤―리―즈―씽―스―위―주―씨아

뜻풀이 천리 먼 길도 발아래에서 시작한다.

의미 무슨 일이든 시작이 있고 그 시작이 중요하다는 것을 비유하는 성어이다.

교과서 중학교 한문   출전 《도덕경(道德經)》

千	里	之	行
일천 **천**	마을 **리**	어조사 **지**	다닐 **행**
千	里	之	行

始	於	足	下
비로소 **시**	어조사 **어**	발 **족**	아래 **하**
始	於	足	下

✱리(里) : 한국, 중국, 일본 등 동아시아에서 사용하는 길이를 나타내는 단위이다. 360보(步)에 해당한다. 정확한 길이는 시대와 국가에 따라 다르다.

심화학습

'천리지행시어족하'를 통해 얻을 수 있는 교훈을 간략히 써보기

175. 청출어람 青出於藍

중국어 발음 qīng chū yú lán 칭-추-위-란

뜻풀이 푸른색은 쪽빛에서 나오지만 쪽빛보다 더 푸르다.

의미 제자가 스승보다 뛰어남을 비유하는 성어이다.

교과서 초등학교 / 중학교 한문   출전 《순자(荀子)》

青	出	於	藍
푸를 **청**	날 **출**	어조사 **어**	쪽 **람**
青	出	於	藍

심화학습

《순자(荀子)》〈권학편(勸學篇)〉에서 '청출어람'이 유래된 구절을 찾아 써보기

'청출어람'이 들어간 나만의 문장 만들어보기

176. 쾌도난마 快刀亂麻

중국어 발음 kuài dāo luàn má 콰이–따오–루안–마
뜻풀이 잘 드는 칼로 엉킨 삼 가닥(실타래)을 자르다.

의미 어지럽게 얽힌 사물이나 상황을 하나하나 풀려 하지 말고 강하고 빠르게 명쾌하게 처리하는 것을 비유하는 성어이다.
교과서 고등학교 한문   **출전** 《북제서(北齊書)》

快	刀	亂	麻
빠를 쾌	칼 도	어지러울 란	삼 마
快	刀	亂	麻

심화학습

'쾌도난마'가 유래된 일화를 찾아 요약하여 써보기

'쾌도난마'가 들어간 나만의 문장 만들어보기

177. 타산지석 他山之石

중국어 발음 tā shàn zhī shí 타–샨–즈–스

뜻풀이 다른 산의 돌.

의미 다른 사람의 잘못된 행동이나 실패한 모습도 자기 수양에 도움이 됨을 비유하는 성어이다.

교과서 초등학교 / 고등학교 한문   **출전** 《시경(詩經)》

他	山	之	石
다를 **타**	메 **산**	어조사 **지**	돌 **석**
他	山	之	石

심화학습

'타산지석'이 쓰인 기사를 찾아 써보고, 주로 어떤 상황에서 쓰이는 지 간략히 써보기

'타산지석'이 들어간 나만의 문장 만들어보기

178. 파안대소 破顔大笑

중국어 발음 pò yán dà xiào 포-얀-따-씨아오

뜻풀이 얼굴이 찢어질 정도로 크게 웃다.

의미 매우 즐거운 표정으로 활짝 웃는 모습을 비유하는 성어이다.

교과서 중학교 한문   출전 일본식 사자성어로 추정

破	顔	大	笑
깨뜨릴 파	얼굴 안	큰 대	웃음 소
破	顔	大	笑

심화학습

'웃음'과 관련된 고사성어를 더 찾아 써보기

'파안대소'가 들어간 나만의 문장 만들어보기

179. 파죽지세 破竹之勢

중국어 발음 pò zhú zhī shì 포-주-즈-스

뜻풀이 대나무를 쪼개는 듯한 기세.

의미 거침없이 맹렬하게 나아가는 모습이나, 세력이 강해서 감히 맞설 상대가 없는 것을
　　　비유하는 성어이다.

교과서 초등학교　출전 《진서(晉書)》

破	竹	之	勢
깨뜨릴 **파**	대나무 **죽**	어조사 **지**	형세 **세**
破	竹	之	勢

심화학습

'파죽지세'가 유래된 일화를 찾아 요약하여 써보고, '대나무를 쪼개는 것'이 어떻게 '기세'와
연결될 수 있는지 생각해보기

'파죽지세'가 들어간 나만의 문장 만들어보기

180. 파천황 破天荒

중국어 발음 pò tiān huāng 포-티앤-황

뜻풀이 천황을 깨뜨림.

＊천황(天荒) : ①천지(天地)가 미개(未開)한 때의 혼돈(混沌)한 모양(模樣) ②한없이 젊고 먼 땅

의미 이전에 아무도 하지 못한 일을 처음으로 해내는 것을 비유하는 성어이다.

교과서 고등학교 한문   출전 《북몽쇄언(北夢瑣言)》

破	天	荒
깨뜨릴 **파**	하늘 **천**	거칠 **황**
破	天	荒

심화학습

어떤 분야에서 최초로 역사적인 기록이나 업적을 남긴 인물을 '파천황'을 사용하여 묘사해

보기

'파천황'이 들어간 나만의 문장 만들어보기

181. 풍전등화 風前燈火

중국어 발음 fēng qián děng huó 펑-치앤-덩-훠

뜻풀이 바람 앞의 등불.

의미 매우 위험하거나 오래 견디지 못할 상황, 또는 바람에 꺼지는 등불처럼 덧없음을 비
유하는 성어이다.

교과서 초등학교 4학년 도덕 연계   출전 《구사론소(俱舍論疏)》

風	前	燈	火
바람 **풍**	앞 **전**	등 **등**	불 **화**
風	前	燈	火

심화학습

'풍전등화'가 들어간 나만의 문장 만들어보기

바람 '풍(風)' 자가 들어가는 성어에 대해 알아보기

182. 합종연횡 合縱連橫

중국어 발음 hé cóng lián héng 흐어-총-리앤-헝

뜻풀이 합종책과 연횡책.

의미 약자끼리 연합하여 강자에 대항하거나 강자와 손잡는 외교책략을 비유하는 성어이다.

교과서 고등학교 한문   출전 《전국책》 ; 《사기》

合	縱	連	橫
합할 **합**	세로 **종**	이을 **련**	가로 **횡**
合	縱	連	橫

심화학습

무구한 역사 속에서 동서양을 불문하고 '합종연횡'의 전략을 펼친 사례를 많이 찾아볼 수 있다. 각각 사례를 찾고 써보자.

1. 동양사 :

2. 서양사 :

183. 형설지공 螢雪之功

중국어 발음 yíng xué zhī gōng 잉-쉬에-즈-공

뜻풀이 반딧불이와 눈으로 이룬 공부.

의미 고생스럽게 꾸준히 공부하여 성취를 이루는 것을 비유하는 성어이다.

교과서 고등학교 한문 **출전** 《손씨세록(孫氏世錄)》

螢	雪	之	功
반딧불이 **형**	눈 **설**	어조사 **지**	공 **공**
螢	雪	之	功

심화학습

'형설지공'이 유래된 일화를 알아보고 간략히 요약해보기

'형설지공'이 들어간 나만의 문장 만들어보기

184. 호가호위 狐假虎威

중국어 발음 hú jiǎ hú wēi 후–지아–후–웨이

뜻풀이 여우가 호랑이의 위세를 빌리다.

의미 남의 권세, 즉 힘을 빌려서 자신이 위세를 부리는 것을 비유하는 성어이다.

교과서 중학교 한문   출전 《전국책(戰國策)》

狐	假	虎	威
여우 호	거짓 가	범 호	위엄 위
狐	假	虎	威

심화학습

'호가호위'가 유래된 일화를 알아보고 간략히 요약해보기

'호가호위'를 통해 얻을 수 있는 교훈을 간략히 써보기

185. 호연지기 浩然之氣

중국어 발음 hào rán zhī qì 하오–란–쯔–치

뜻풀이 하늘과 땅 사이에 가득 찬 넓고 큰 기운.

의미 사람의 마음에 차 있는 넓고 크고 올바른 마음을 비유하는 성어이다.

교과서 초등학교 / 고등학교 한문 출전 《맹자》

浩	然	之	氣
넓을 **호**	그럴 **연**	어조사 **지**	기운 **기**
浩	然	之	氣

심화학습

《맹자》〈공손추 상(公孫丑 上)〉에서 '호연지기'가 등장하는 구절을 써보고, '호연지기'의 진정한 의미가 무엇일지 생각해보기

'호연지기'가 들어간 나만의 문장 만들어보기

186. 호접몽 胡蝶夢

중국어 발음 hú dié mèng 후−디에−멍

뜻풀이 나비의 꿈

＊호접(胡蝶) : 호랑나빗과의 호랑나비, 제비나비 따위를 통틀어 이르는 말.

의미 인생의 덧없음을 비유하는 성어이다.

교과서 고등학교 한문   출전《장자(莊子)》

胡	蝶	夢
오랑캐 이름 **호**	나비 **접**	꿈 **몽**
胡	蝶	夢

심화학습

《장자(莊子)》〈제물론(齊物論)〉에서 '호접몽'이 유래된 일화를 알아보고 간략히 요약해보기

'호접몽'이 들어간 나만의 문장 만들어보기

187. 홍문지회 鴻門之會

중국어 발음 hóng mén zhī huì 홍-먼-즈-후이

뜻풀이 홍문에서의 만남

＊홍문(鴻門) : 진(秦)나라의 수도 함양 근처의 지명.

의미 상대를 죽이기 위해 마련한 술자리를 비유하는 성어이다.

교과서 고등학교 한문 출전 《사기》

鴻	門	之	會
큰기러기 **홍**	문 **문**	어조사 **지**	모일 **회**
鴻	門	之	會

심화학습

'홍문지회'에 관한 항우(項羽)와 유방(劉邦)의 일화를 알아보고 간략히 요약해보기

'홍문지회'가 들어간 나만의 문장 만들어보기

188. 홍일점 紅一點

중국어 발음 hóng yī diǎn 홍–이–디앤

뜻풀이 한 떨기 붉은 꽃.

의미 여럿 속의 색다른 하나, 또는 남자 여럿 사이에 끼어 있는 단 한 사람의 여자를 비유
하는 성어이다.

교과서 고등학교 한문   출전 〈영석류화(永石榴花)〉

紅	一	點
붉을 **홍**	한 **일**	점 **점**
紅	一	點

심화학습

왕안석(王安石)의 〈영석류화(永石榴花)〉에서 '홍일점'이 유래된 구절을 찾아 써보기

'홍일점'이 들어간 나만의 문장 만들어보기

189. 화사첨족 畵蛇添足

중국어 발음 huà shé tiān zú 후아–셔–티앤–주

뜻풀이 뱀을 그리면서 발을 보태다.

_____

의미 쓸데없는 일을 보태 도리어 잘못되게 하는 경우를 비유하는 성어이다.

교과서 고등학교 한문 출전 《전국책(戰國策)》

畵	蛇	添	足
그림 화	뱀 사	더할 첨	발 족
畵	蛇	添	足

심화학습

'화사첨족'이 유래된 일화를 알아보고 간략히 요약해보기

'화사첨족'(혹은 '사족')이 들어간 나만의 문장 만들어보기